AF313442

DU CHEVAL

DE

CAVALERIE LÉGÈRE

DE LA NÉCESSITÉ D'EN METTRE LA PRODUCTION ET TOUT CE
QUI EN DÉPEND DANS LES ATTRIBUTIONS DU
Ministre de la Guerre.

Par **J. B. SABLON**,

ANCIEN MEMBRE DU CONSEIL GÉNÉRAL DU DÉPARTEMENT
DU PUY-DE-DÔME.

PARIS

IMPRIMERIE DE LACOUR ET COMPAGNIE,

Rue Saint-Hyacinthe-Saint-Michel, 35.

1844

DU CHEVAL

DE

CAVALERIE LÉGÈRE.

Notre époque est si positive, et nos besoins si pressants, qu'il semble que nous n'ayons plus de mémoire, que le passé et l'avenir nous soient étrangers, et que tout doit être dévoré par le présent.

Aussi, les plus graves questions d'avenir sont-elles délaissées, et c'est à peine si elles peuvent fixer l'attention de quelques hommes sérieux.

On ne peut donc s'étonner, qu'un sujet dont tout le monde comprend les nécessités, mais dont les résultats demandent plusieurs années de soins et de sacrifices, soit délaissé; je veux parler des chevaux tels qu'ils étaient autrefois constitués comme moyen de défense et comme un de nos besoins les plus pressants.

Que la révolution de 89 ait amélioré le sort des hommes et changé complètement leurs relations en leur donnant plus de moyens pour produire et pour échanger leurs besoins, je suis loin de m'en plaindre, citoyen de la grande famille, si cette révolution m'a donné des regrets, ma reconnaissance lui est acquise pour les immenses bienfaits dont elle a doté mon pays.

Mais à côté du bien ne trouve-t-on pas le mal? et lorsque l'on jouit du premier, est-il sage, sans prévision, de ne pas s'occuper des changements survenus ou à survenir, et de ne pas arranger sa vie et ses affaires de manière à n'être pas pris au dépourvu.

Ce blâme s'applique essentiellement à la Restauration, et encore, il faut faire la part de bien des circonstances.

La République, époque de troubles et d'invasion, n'avait rien prévu, elle avait seulement usé et abusé des ressources qu'elle avait trouvées.

Le Consulat et l'Empire eurent quelque ressemblance avec cette époque, mais ils furent dirigés par une main si habile, que le peu de jours que lui laissait la victoire étaient occupés dans le but de leur avenir à réparer, à reconstituer, à fonder des établissements utiles.

A cette époque, on rétablit les haras ; personne ne prit le change sur cette création, et on se rappelle encore le but plutôt que les services que l'on en attendait : d'ailleurs, tout ce qui tient à l'Empire porte un cachet trop positif pour qu'il soit possible de s'y méprendre.

Alors on voulut rattacher les nobles débris d'une société perdue, on voulut l'employer dans une sphère où ses préjugés et ceux qui tenaient à ses souvenirs, lui permissent de paraître sans déroger ; on voulut la consoler, et dans nos mœurs, faire une demarche toute française ; enfin, on voulut rattacher au présent un passé qui ne pouvait exister que dans le domaine des souvenirs.

Je reviendrai à cette question des haras, mais avant je dirai un mot des chevaux qu'on élevait autrefois et des services qu'on leur attribuait.

Le temps n'est pas éloigné où nous avions peu de routes, et où dans la majeure partie de la France tous les rapports et toutes les communications se faisaient à cheval ou à dos de mulet ; dès lors, les chevaux (et le nombre en était incalculable) étaient employés pour la guerre, et pour nos besoins particuliers ; alors les travaux de l'agriculture étaient exclusivement attribués à la race bouvine.

On dit que ce fut dans le nord de la France que, pour la première fois, des chevaux furent employés au labourage.

A cette époque, l'espèce chevaline était si nombreuse, que toute notre population était cavalière, et que le service des solipèdes était spécialement de faire la guerre.

Dès lors je laisse à penser tous les soins dont ils étaient l'objet.

Le service de l'infanterie, n'étant pas en honneur, était réservé aux mercenaires, qui moyennant finances, prenaient part à nos différents et leur prêtaient l'appui de leurs bras.

Autrefois, comme je viens de le dire, nous n'avions pas de routes, et l'agriculture employait peu les chevaux.

Aujourd'hui la scène a changé, et les solipèdes sont surtout appréciés comme force locomotive : tandis que d'autres en petit nombre sont élevés pour les courses, et ne sont bons que pour ce service.

Il semble que la guerre soit sortie du cercle de nos prévisions; produire des chevaux de luxe pour favoriser nos goûts pour le jeu et les paris, voilà la grande affaire des heureux du jour.

Ainsi, avoir des chevaux, pour l'agriculture et pour le roulage; mais en avoir surtout de luxe pour les voitures, et par-dessus tout des chevaux de course : voilà pour la production les seules chances auxquelles on puisse se livrer avec avantage.

Qant aux chevaux élevés pour la cavalerie légère, dans le but d'être vendus à quatre ans révolus, de 5 à 600 fr., il s'en trouve peu, et s'il en surgit quelques uns, cela tient aux accidents de leur jeunesse, qui en ont empêché le développement et amoindri les formes.

Si l'on pouvait concevoir quelque doute sur ce que j'avance, je demanderais quel est le pays, aujourd'hui, où l'on n'est pas sûr de vendre, à quatre ans révolus, un cheval de trait de 5 à 600 fr.

L'éducation des chevaux de voiture est moins coûteuse, à trois ans ils rendent des services, on n'a point à redouter autant d'accidents, et ils demandent beaucoup moins de soins. La concurrence qui s'y rattache est plus grande et leur vente est toujours assurée : toutes les qualités qui leur sont nécessaires sont beaucoup plus faciles à rencontrer que celles qu'on exige du cheval de cavalerie légère.

D'après tout ce que je viens de dire, on concevra combien de raisons ont dû faire renoncer à un élevage, qu'on n'avait pas assez encouragé, et dont on avait oublié toutes les exigences.

Si l'on pouvait former quelques doutes, sur la manière dont les chevaux étaient autrefois appréciés, je renverrais au temps où Bourgelat, homme distingué, et fondateur de la médecine vétérinaire, écrivait; on verrait qu'il ne dit rien du cheval de voiture, et il semble que toutes ses sollicitudes et ses travaux se rapportent au cheval de guerre et à celui de manège.

Ainsi, en remontant à cent ans, j'ai pu dire que la seule et presque l'unique destination des chevaux était notre service personnel, surtout comme chevaux de guerre. J'ai donc pu avancer, sans crainte d'être démenti, qu'autrefois n'ayant que peu de routes, nous n'avions pas de chevaux de trait.

Nos rapports, nos communications étaient rares et difficiles, mais en revanche, nous possédions une nombreuse et bonne race de chevaux : et avec une population, dont la première jeunesse était accoutumée à toutes les exigences du cheval.

Une nation ainsi constituée devait trouver pour

la guerre d'immenses avantages de productions et d'entente pour tout ce qui constitue les exigences militaires au jour du danger.

Cet état a changé, nous ne pouvons sous un certain rapport nous en plaindre, puisqu'il a été remplacé par des avantages qui se rattachent à la civilisation la plus étendue.

Nos nouvelles habitudes ont eu pour résultat de modifier les anciennes, puis de nous les faire complètement oublier : elles ont fait, que toute notre population, de cavalière qu'elle était, non-seulement a adopté de prime-saut les nouveaux avantages qui lui étaient offerts, mais qu'il semble en même temps qu'elle ait complètement oublié ses anciennes habitudes.

Comme on le voit, cette révolution, conséquence d'un bouleversement complet, dans notre organisation était indispensable ; elle s'est faite si insensiblement que le plus grand nombre ne s'en est pas aperçu.

Et disons-le, une des choses les plus regrettables de tout ce passé, est qu'un peu de soin et de prévoyance nous aurait conservé : c'est notre excellente race de chevaux.

Ne nous trouvons-nous pas tout simplement appelés à adresser nos reproches a l'administration des haras ; n'est-elle pas restée étrangère à tout le changement survenu ? Nous a-t-elle donné l'éveil ? a-t-elle appelé nos craintes sur les dangers que courait cette production ?

Elle n'avait rien prévu, elle n'a rien vu ni rien dit.

Il semble qu'elle ait voulu se renfermer dans l'esprit de sa réorganisation ; elle avait été créée pour réparer ces malheurs, pour faire reparaître d'une manière convenable une partie de l'ancienne société. Les chevaux n'avaient été que l'occasion, et le but principal rempli, on n'avait pas de reproches à lui faire; sa place au budget était marquée et chacun devait être content.

En appréciant les choses ainsi, on trouvera tout naturellement, pour le passé, les moyens d'excuser l'administration des haras.

Mais pour l'avenir, les conditions où s'est trouvée cette administration sont toutes exceptionnelles et méritent d'être appréciées.

Était-elle utile? fallait-il la remplacer? que fallait-il mettre à sa place? Il est certain qu'il y avait quelque chose à faire, et que cette question méritait qu'on s'y arrêtât.

Enfin, pour être juste, et pour faire la part de bien des difficultés, il faut faire entrer en ligne de compte, tous les embarras qu'ont eu à surmonter les divers gouvernements qui se sont succédés depuis la révolution de 89, et en opérant ainsi, on arrive en juillet 1830.

On ne peut nier qu'alors la position du Gouvernement fût toute exceptionnelle, que les difficultés sans nombre qui surgissaient ne le contraignissent de remettre à un autre temps les questions les plus graves.

Et si nous faisons une large part d'indulgence au passé, si nous abandonnons des récriminations justes, mais fâcheuses, et sans portée pour le présent, ne devons-nous pas aussi mettre tout en œuvre pour que la question des chevaux de guerre, si vitale et si impérieuse, soit prise au sérieux?

Le moment n'est-il pas à souhait? et depuis trente ans, la France eût-elle jamais une occasion plus favorable pour s'occuper de cette grave question?

Notre possession d'Afrique n'est-elle pas l'idéal de tout ce qu'on peut imaginer de mieux, pour doter la France de tout ce qui lui manque pour compléter sa défense.

Jadis, cette patrie des Jugurtha et des Massinissa, l'était aussi du cheval numide et de la première cavalerie du monde.

Tout dans ce pays n'y est-il pas à souhait pour l'élevage des chevaux? Qu'y manque-t-il? des hommes et une main prévoyante. La nature n'y donne-t-elle pas avec abondance, et presque sans travail, tout ce qu'il est possible de désirer? Et si partout, le fanatisme et l'ignorance ont fait disparaître jusqu'au moindre vestige de civilisation, la terre seule, mais presque inculte, ne s'y révèle-t-elle pas dans tout son éclat?

Profitons des avantages de nos dernières victoires et de ceux que donnent la force et la modération, afin que leurs conséquences puissent se produire pour nous de la manière la plus éclatante.

Il me semble que pour apprécier sainement la question des chevaux sous le rapport de la défense du pays ; aujourd'hui , il est indispensable de l'isoler complétement de l'administration des haras.

N'étant point utile à cette question , n'ayant jamais rien fait pour elle , mais lui ayant été seulement une espèce d'escorte', chargée d'assister à ses funérailles , elle n'aura point à se plaindre.

Si pour les produits agricoles, et autres services journaliers , l'on pensait qu'il y eût quelque chose à faire , ne pourrait-on pas attendre que le temps et l'expérience eussent justifié de leurs besoins, ou se servir des étalons que le Ministre de la guerre pourrait avoir dans les régiments.

Pour le moment il s'agit de réduire cette question à sa plus simple, à sa plus indispensable expression , et de la limiter seulement dans l'intérêt de la défense du pays, à la production des chevaux de cavalerie légère.

Qui est-ce qui oserait dire, que si on supprime les haras, on n'élèvera plus de chevaux ? le département de France, où cette production a le plus d'importance , est bien certainement le Finistère. Est-ce que dans ce département on trouverait quelqu'un ayant une semblable idée ? Est-ce que les étalons y sont même en rapport avec la production ? Est-il un éleveur, un seul propriétaire, dans ce pays qui ne vous dise, que le gouvernement, de tous les modes d'encouragement, a adopté le plus inutile et le plus mauvais.

Le ministère de la guerre n'est-il pas le plus intéressé à cette question, et peut-on raisonnablement établir, qu'il y aurait inconvénient ou avantage, à charger une autre administration d'une affaire, qui ressort essentiellement de ce Ministère, et qui lui appartient tout aussi bien que l'armée.

Comme je l'ai ailleurs indiqué, si l'on formait en Afrique, des établissements pour l'élevage des chevaux, il serait indispensable qu'ils fussent sous la main du ministère de la guerre.

Ils devraient être l'objet des soins les plus constants, et de la sollicitude la plus attentive ; au début surtout il faudrait employer à ce service les hommes les plus actifs et les plus intelligents : ceux qui auraient en eux des connaissances spéciales, le plus de patience, le plus d'entente, de bien faire, de courage et de persévérance.

Annexes des régiments, ces sortes de colonies militaires, seraient essentiellement composées d'hommes probes, mus par l'amour des chevaux, par le patriotisme et l'affection pour leurs régiments, de manière que se considérant comme des agents, à qui la patrie a confié un de ses grands intérêts ils missent l'honneur, et tous les sentiments d'avenir, d'amour-propre et même d'intérêt personnel à les faire prospérer.

Si, en France, on relève une profession, il est facile de trouver des agents pour en remplir toutes les conditions.

Aussi, rien ne serait plus aisé que d'avoir tous les ans, à leur libération, dans chaque régiment, un certain nombre de bons sujets, aimant les chevaux et propres à l'élevage.

Ils devraient être bien rétribués, avoir une retraite, ou une gratification, comme récompense d'accidents, de longs et de bons services.

Si le gouvernement entrait dans les voies de production que j'ai indiquées, s'il attribuait les soins et la responsabilité de cette production au ministre de la guerre, ne conviendrait-il pas alors pour gagner du temps et arriver le plus tôt possible à des résultats, que les premières juments pouli-nières fussent fournies par les divers régiments, ou divisions qui à l'avenir devraient faire exclusi-vement leur remonte et qui ressortiraient de ces nouveaux établissements, qui alors, formeraient les annexes indispensables de ces mêmes régiments ou divisions de cavalerie légère.

En opérant ainsi, on serait sûr de trancher les nombreuses difficultés qui semblent hérisser le commencement d'une affaire, qui autrement trou-vera bien des obstacles dans sa solution. Ne serait-ce pas le plus sûr moyen de se procurer les meilleurs éléments d'une bonne production : et ne pourrait-on pas, dans le cas où les établisse-ments propres à l'élevage ne seraient pas terminés, garder ces mêmes juments dans les régiments pen-dant l'été, les faire salir et durant plusieurs mois, leur faire continuer leur métier de chevaux de troupe.

Si le gouvernement entrait dans cette voie, à laquelle pour le moment, il y a peu d'objections sérieuses à opposer, je laisse à penser tous les avantages qui en résulteraient. Il aurait à se pro-curer un certain nombre de chevaux entiers, qui devraient ce me semble, être répartis dans chaque régiment. Il est bien entendu que je calcule comme si l'administration des haras n'existait plus, ou comme si elle n'avait pas à se mêler de la production des chevaux de troupe.

Ces chevaux seraient regardés dans les régiments, comme le fond de l'école d'équitation ; ils ne feraient point partie des escadrons de guerre, ils seraient spécialement destinés dans la saison à la production, et feraient, le reste de l'année, le service du manège et celui de cheval de troupe.

Si l'on adoptait ce mode, l'économie et les avantages qui en résulteraient seraient incalculables.

Les régiments de cavalerie stationnent spécialement dans les pays de fourrage, et où l'on s'occupe de l'éducation des chevaux ; cette manière de faire qui utiliserait les étalons, tandis qu'on les entretenait jusqu'ici à grands frais, et sans aucune utilité pendant neuf mois de l'année ; notre mode aurait encore l'avantage d'accroître et de leur conserver les meilleurs moyens propres à la production.

Ils ne coûteraient rien et donneraient au gouvernement les moyens de favoriser l'éleveur, en lui accordant le saut gratis. Il entourerait cette production de toute la considération et de tous les avantages qui se rattachent à une affaire qui doit donner du bénéfice et mettre les propriétaires en bons rapports.

Agrandissant le cercle des attributions du ministère de la guerre, ne devrait-il pas entrer dans les meilleures voies et donner la direction de ces nouveaux établissements à des gens capables; alors ne conviendrait-il pas d'y appeler des hommes spéciaux, sortis de nos écoles, et dont la pratique et les méditations seraient si utiles.

J'ai parlé d'hommes spéciaux, je regrette de m'occuper d'une chose, qui tout en rentrant dans mon sujet peut lui paraître étrangère, je vais compléter mon idée, il me semble qu'elle pourrait être utile.

Je désirerais que les hommes à qui, à l'avenir, on confiera toutes les graves questions de l'élevage, fussent astreints, pour y être reçus à remplir certaines conditions, ou à sortir d'une école spécialement destinée à l'éducation des chevaux.

En agir ainsi serait honorer une carrière qui n'est pas assez appréciée, et qu'on n'a pas dans son début entourée d'assez de considérations.

Aujourd'hui, toutes les professions s'encombrent; donner de l'importance à celles qui le méritent, les rétribuer convenablement, et leur donner, dans le monde le rang et la considération qui se rattachent au savoir et à des services rendus, n'est-ce pas entrer dans les meilleures voies?

En employant de semblables moyens, je le demande, en très peu de temps la France aurait-elle rien à envier à ses voisins?

Autrefois toutes les questions qui avaient rapport aux qualités extérieures des chevaux de luxe, se trouvaient du domaine du privilège, et lui étaient spécialement attribuées.

Au nombre des causes qui avaient contribué à produire cet état, il faut mettre en première ligne notre organisation féodale.

Aujourd'hui, notre époque conséquente avec elle-même fera justice de ces vieilles théories et de tout ce favoritisme qu'on doit impitoyablement immoler à nos besoins les plus pressants.

En produisant de pareilles idées, et j'espère que ceux qui me liront leur rendront justice, et trouveront qu'il faut au moins, pour les émettre, du courage et de la ténacité. Je crains même que le plus grand nombre, tout en les appréciant, pense que je suis appelé à jouer le rôle de la pauvre Cassandre.

Dans mes méditations, je me suis fait souvent ces observations, mais en m'armant de courage et en y réfléchissant. Je me suis dit, qu'il faut s'attendre à des malheurs certains si, sans prévoyance, nous nous abandonnons aux illusions du présent, et fermons les yeux et les oreilles aux chances certaines, mais défavorables de l'avenir.

Rejeter de pareilles idées ne serait-ce pas nier l'évidence et tous les avantages qui se rattachent à un gouvernement constitutionnel, où la publicité, âme de toute la machine, prévoit les dangers, et sans respect humain déjoue toutes les intrigues.

Espérons que le gouvernement sortira des langes de sa création et des difficultés sans cesse renaissantes qui l'ont assiégé jusqu'à ce jour, et qu'il s'occupera de son avenir.

Espérons que d'une main ferme, vigoureuse, et

sans égard pour des déplacements personnels, on entrera largement et sans regarder derrière, dans des voies d'amélioration, si utiles et si ardemment désirées.

Lorsque je me rendis en Afrique, on m'avait parlé de l'insalubrité de la Mitidja, de plusieurs autres localités, et surtout de celle de Bouffarick. Je fus frappé de trouver en plusieurs endroits de grandes quantités d'eau stagnantes; nulle part des tranchées et autres travaux d'assainissement qui annonçassent que les hommes avaient fait quelque chose pour leur conservation.

Cet état est d'autant plus dangereux, qu'il a lieu dans des localités incultes, basses, marécageuses, et où l'action du soleil, surtout du soleil d'Afrique, doit produire les plus pernicieux effets.

Les environs de Bouffarick m'ont paru mériter une attention particulière; partout dans son voisinage, on voit des traces de la plus complète insalubrité, et cet état se produit dans d'immenses plaines, sans culture, depuis la chûte des montagnes du Sahël, jusqu'aux pentes opposées du petit Atlas.

En retrouvant la Mitidja, près de Mazafran, et dans les parties opposées du Fondou, près de la mer, j'ai été si frappé de l'insalubrité du pays, que tout en disant (dans la brochure que j'ai publiée), que toutes ces localités étaient exceptionnelles pour la prodigieuse végétation qui s'y développe, j'ai appelé de toutes mes forces l'attention du gouvernement sur les précautions à prendre pour assainir le pays, et je me suis dit que la première condition d'une opération, était d'y vivre et de n'y point compromettre les capitaux engagés. J'ai parlé seulement après, et dans le cas de travaux d'assainissement, de toutes les chances favorables que ce pays présentait pour l'élevage des chevaux.

A la suite et le plus succinctement possible, j'avais indiqué les moyens qui m'avaient paru les meilleurs pour arriver à ce but.

La brochure où étaient consignées ces observations, ne m'avait pas paru mériter l'importance de paraître sous un patronage élevé; aussi je m'étais borné tout simplement à en adresser un certain nombre d'exemplaires aux chambres, aux ministères, et à un très petit nombre d'hommes spéciaux. Quelques journaux en ont parlé et même l'Argus des Haras l'a reproduite en entier.

J'avais aussi émis le vœu que pour entrer largement dans des voies d'assainissement, on y employât la partie la plus saine et la plus active de nos bagnes.

Ce n'est pas aux hommes que je veux m'attaquer, mais aux abus dont ils profitent et qui se perpétuent en leur faveur, au détriment de l'espèce chevaline.

Si on se déterminait à entrer franchement dans des voies d'amélioration, et de production de chevaux de cavalerie, il faudrait déterminer le mode d'administration, et les mains auxquelles on confierait une aussi importante surveillance.

Comme ce sont mes vœux, mes espérances et

mes craintes que j'ai voulu produire, je vais en quelques lignes les rappeler, afin qu'on ne puisse pas prendre le change sur le grand intérêt qui m'a porté à m'occuper d'un objet si important.

Dès longtemps je m'étais occupé de l'étude des chevaux, elle fut dans ma jeunesse l'objet d'une affection particulière, et plus tard comme bon nombre de propriétaires, j'eus personnellement à gémir sur les chances défavorables qui se rattachaient à leur production, et sur les abus qu'elle traînait à sa suite.

Mes prévisions m'avaient fait voir depuis longtemps la révolution fâcheuse qui s'opérait chez nous dans la race chevaline, destinée pour le service militaire; mais j'espérais, qu'une voix intelligente, sortie de l'administration des haras, s'élèverait, illustrerait cette même administration, et comprenant l'immense mission qui lui était confiée, ferait entendre sa voix pour appeler l'intérêt de tous sur un semblable délaissement.

C'est comme moyen de défense que j'ai toujours envisagé la question des chevaux; et tout ce qui s'est produit en 1840, n'est-il pas venu lui donner un nouvel intérêt d'actualité.

Ainsi donc, et dussé-je être accusé de répéter plusieurs fois la même chose, l'intérêt qui s'y rattache pour l'armée me paraît si pressant que je dirai encore que la chose la plus indispensable, c'est d'ôter la connaissance de tout ce qui a rapport à la production des chevaux de cavalerie légère à l'administration des haras, et de l'attribuer au ministère de la guerre en ayant bien soin que la tradition de l'ancienne administration soit complètement abandonnée.

Et ici je vais expliquer ma pensée : nous ne pouvons avoir des chevaux légers qu'à la condition d'entrer dans une ère nouvelle et d'abandonner entièrement les voies frayées. Il est impossible qu'on puisse jamais avec notre organisation, obtenir des éleveurs des chevaux de cavalerie légère, et en voici la raison; autrefois nous produisions cette espèce parce que nous l'utilisions pour nos besoins particuliers, qui mis en regard avec ceux de l'armée créaient pour l'achat une certaine concurrence. Aujourd'hui cette concurrence a cessé, l'armée est restée maîtresse du prix. Dès lors, nos éleveurs ont abandonné une affaire dans laquelle il n'y avait plus de concurrence et qui cessait de leur présenter des avantages. Ne point tenir compte de ce que j'avance mettra tout naturellement le gouvernement dans le cas d'être trompé et d'acheter des chevaux de trait pour des chevaux de selle. De là, désaffection complète de nos jeunes soldats pour le service de la cavalerie, attendu que les chevaux qu'on leur donne n'en ayant point les qualités, possédant au contraire toutes celles qui leur sont opposées; ce service a cessé d'être dans nos mœurs, et nous n'y entrons plus que comme contraints. Il y aurait donc de la folie à vouloir pour les chevaux de cavalerie légère, continuer à en attribuer la production au pays, tandis qu'il est prouvé qu'il

y a complètement renoncé, et que même avec les
plus grands sacrifices on n'aurait que des déceptions. Il faut donc pour cette sorte de chevaux,
que l'administration de la guerre s'occupe de la
produire tout-à-fait en dehors de ce qui s'est fait
jusqu'à présent. Et je crois avoir indiqué les meilleurs moyens pour arriver à ce but sans difficulté
et le plus promptement possible.

Ainsi, avoir de suite au moins deux mille jumens, les livrer à la production, les garder pleines
plusieurs mois dans les régimens, afin de donner
le temps de terminer les établissements où elles
doivent être reçues; en même temps, se procurer
un certain nombre d'étalons arabes ou provenant
de cette origine, en attribuer dans chaque régiment un certain nombre, les appliquer d'abord
aux jumens des régimens, et puis venir en aide le
plus possible à la production particulière. Avec ces
moyens nous aurons des chevaux et nous remet-
trons en honneur un service qui est sorti de nos
habitudes et pour lequel nos soldats n'ont plus de
sympathies.

Les moyens que j'indique me semblent les seuls
possibles et raisonnables pour arriver promptement à entrer activement dans une affaire qui
contrarie tant d'intérêts et qui trouvera tant de
difficultés dans sa solution.

Une semblable mesure demande de l'énergie,
immortalisera un ministère, et pourra toujours
aux yeux de ses détracteurs être légitimée par le
grand intérêt qui s'y rattache et la simplicité de
son exécution.

Comme puissance militaire et territoriale si nous consultons notre passé, le nombre et l'esprit de nos populations ; nous tenons une place si distinguée dans la balance européenne, qu'il nous est impossible de ne pas nous mettre au premier rang! hé bien, de tant de gloire que nous reste-t-il? des souvenirs, qui à la vérité ont tant occupé le monde, que nous devons faire quelque chose pour les conserver ; afin que si l'occasion se présentait, nous puissions montrer à l'Europe que nous ne sommes point dégénérés, et que nous avons en nous-même les moyens de nous suffire et de nous présenter avec orgueil.

Comme complément de tout ce que j'ai écrit, et pour bien faire connaître les graves intérêts dont je me suis occupé, je dirai qu'en 89 nous étions sans ressources, sans approvisionnements, mais que nous avions une nombreuse et bonne race de chevaux, et qu'elle suffit à tout.

Que signifient nos arsenaux, et tout nos moyens de défense, s'ils ne se coordonnent et s'ils manquent par la base?

Je crois ailleurs avoir imprimé, en parlant de nos malheurs de 1812 et 1813, que ce n'était pas notre courage qui avait manqué au pays, et que toutes nos victoires sans cavalerie étaient de véritables désastres.

Ainsi songeons à l'avenir et que l'exemple du passé ne soit pas perdu.

Enfin, je le répète, il est indispensable que la production des chevaux de cavalerie légère soit spécialement attribuée au ministère de la guerre, en agir autrement, ce serait augmenter toutes les déceptions qui se sont attachées et qui se rattacheront encore à cette question.

Ce travail terminé, j'en remets un exemplaire à un homme dont la tête et le cœur ne laissent rien à désirer. Le lendemain je vais le voir ; il approuve mes idées en tout point, mais me parle des mécontentements qu'elles doivent exciter, et il pense que je ferais bien de dire que je n'attends rien , que je ne veux rien, que c'est seulement le délaissement dans lequel se trouve un des grands intérêts du pays qui m'a engagé à écrire. Je fais des observations , je me rends, et je déclare ici que, pour être fidèle à la mémoire de mon père, à tout mon passé, et conséquent avec moi-même et la triste position que m'ont faite des infirmités, je déclare, dis-je, que je ne veux rien et ne puis rien vouloir.

L'auteur a précédemment publié :

1° DE LA RACE CHEVALINE EN ALGÉRIE, des moyens de l'accroître et de l'améliorer.

2° DE LA DISPARITION EN FRANCE DU CHEVAL LÉGER , *de la nécessité d'en avoir et des moyens d'y faire prospérer cette espèce.*

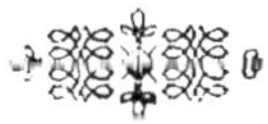

www.ingramcontent.com/pod-product-compliance
Ingram Content Group UK Ltd.
Pitfield, Milton Keynes, MK11 3LW, UK
UKHW031708170726
13836UKWH00001B/105